BOULOT & BOULOTTE

SAYNÈTE

— ✴ —

Paroles de Victor SIROT

Musique de

ALBERT GEAY

Prix : 1 franc

ALBERT GEAY, 7, Rue du 24-Février, NIORT

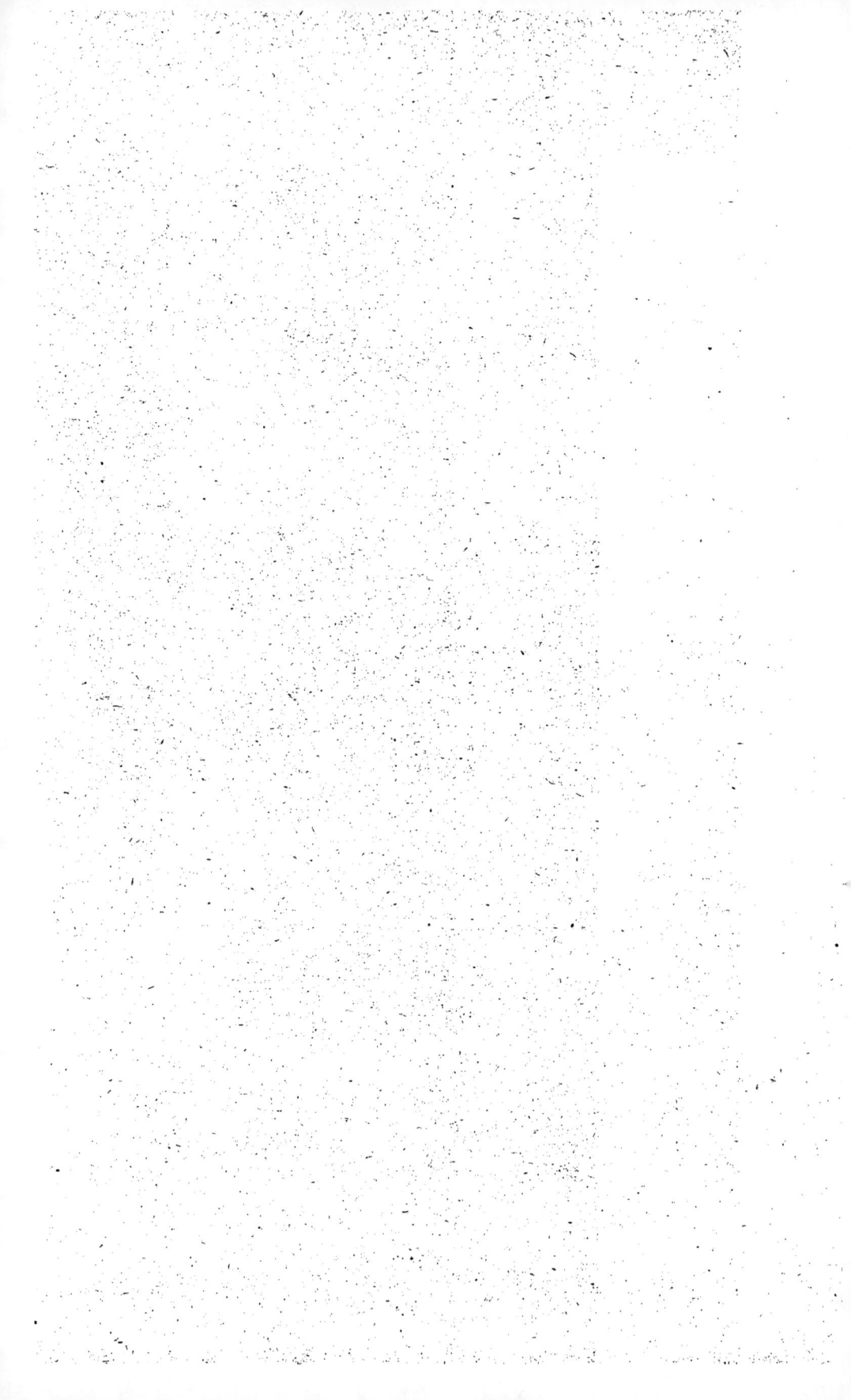

BOULOT ET BOULOTTE

SAYNÈTE

BOULOT, *seul*

Il entre en scène en costume de mitron et en chantant :
> « *Ah ! que l'amour est agréable,*
> « *Il est de toutes les saisons….. »*

(Il s'arrête subitement, regarde au fond ; puis, il s'écrie) :
Boulotte, au rendez-vous, tarde bien, il me semble ;
Veut-elle me poser un lapin, ah ! j'en tremble !
Mais non, elle m'a dit : « Ce soir, après dîner,
« Viens, nous pourrons tous deux, sans crainte, jaspiner. »
(Avec sentiment et conviction)
Oui, je m'en vais revoir ma charmante Boulotte
Et n'ai pas pris le temps de mettre une culotte ;
Qu'importe, elle sait bien que pétrir est mon lot
Et que je suis quand même, un bien joli Boulot !
Depuis que je connais cette superbe fille,
Je gâte mes croissants et l'échaudé se grille ;
Mes petits pains surtout depuis cet heureux jour,
Sortent à peine cuits, ou dorment dans le four !
O Boulotte ! sans toi, faut-il donc me résoudre,
A geindre, soupirer, suer et me dissoudre ;
Dois-je, dans le fournil, sécher mon pauvre cœur,
Ou laisser dans la pâte, encor couler un pleur !
(Voix de Boulotte dans la coulisse)
Mais je l'entends, allons, Boulot, sois digne et grave,
Tu vas revoir enfin, ta Boulotte suave.
(Entrée de Boulotte.)

BOULOTTE, *costume de grisette*

Elle entre en scène sans voir Boulot et en chantant :

> « *Lisette avait seize ans,*
> « *De grands yeux séduisants ;*
> « *Mais la nature ingrate,*
> « *L'avait faite.....*

(Elle s'arrête vivement en apercevant Boulot qui la regarde avec attendrissement et lui dit d'un ton méprisant) :

C'est vous, Monsieur Boulot, dans ce costume encor,
Vous savez qu'il me faut un plus noble décor ;
Et je ne puis aimer un être aussi difforme,
Qui ne sait point garder, à mes yeux, plus de forme.

BOULOT

Plus de forme, ô Boulotte ! avez-vous contemplé,
Un torse plus viril et si bien accouplé...
Avez-vous vu jamais épaules plus robustes,
Capables de porter les plus rudes arbustes...
Et jamais, vîtes-vous, un nez mieux retroussé,
Une bouche si noble, un regard plus sensé...
Plus de forme ! Eh ! vraiment cette jambe si fine
Et ces bras potelés, blancs comme la farine,
Ne vous disent donc rien ?

BOULOTTE

          Eh bien ! et puis, après,
Allez-vous me vanter vos superbes attraits
Et croyez-vous vraiment me plaire davantage
En vous montrant vêtu comme un simple sauvage...
Sachez bien que mon cœur sera toujours fermé,
A qui peut rendre un point au vieux coq déplumé ;
A l'homme qui n'a pas le plus petit mystère
Et ne sait pas assez cacher son... caractère...

(Avec exaltation)

Non, je n'épouserai jamais un malotru,
Sans culotte, sans col et trouve un peu trop crû
Que vous osiez prétendre à la face du monde
Qu'on ne doit voir en vous que large mappemonde...
Qu'un gilet de coton, les bras et jambes nus,

Séduisent à jamais les filles de Vénus ;
Qu'enfin, un jupon court, au lieu de redingote,
Est le grand décorum qui plaît et ravigote...
Adieu, je vous méprise et ne veux plus revoir
Un mitron sans pudeur, vous deviez le savoir...
Vous pouvez retourner délayer votre pâte
Et prendre garde au moins que le pétrin se gâte !

(Elle fait une fausse sortie.)
(Boulot l'arrête et tombe à ses genoux les mains jointes.)

BOULOT

Ne partez pas ainsi, voyez mon triste émoi,
Laissez tomber encor votre œil gauche sur moi ;
Ecoutez ma défense, ô femme si charmante !
Et puisque je ne puis la dire, je la chante.

N° 1. — CHANT

BOULOT, *toujours à genoux*

Notre grand-père Adam n'avait,
Dit-on, qu'une feuill' pour parure ;
Et l'on affirme qu'il était
D'assez agréable tournure...
La maman Eve n'avait pas,
Comme aujourd'hui, chère Boulotte,
Chignon, strapontin, faux appas
Et ne portait pas de culotte !

BOULOTTE

Qu'importe, votre beau discours
Ne peut modifier mon âme ;
D'un homme n'ayant pas d'atours,
Je ne serai jamais la femme...
Moi, je veux un mari coquét,
C'est ma toquade et ma marotte
Et non un affreux paltoquet,
Qui ne porte pas de culotte !

BOULOT, *se relevant*

(D'une façon tragique)

Puisqu'il en est ainsi, le malheureux mitron
N'a plus qu'à s'embarquer dans la barque à Caron ;
Oui, je vais de ce pas me jeter dans la Seine ;
Alors, vous beuglerez tout comme une baleine ;

(Lui prenant les bras qu'il serre avec fureur)

Vous pleurerez l'amant que vous aurez conduit
A la mort, au suicide et verrez chaque nuit
Une araignée hanter le haut de votre tête
Et vous vous écrierez : Fallait-il être bête !

(La repoussant)

Adieu, je vais mourir et passer dans le bac,
Emportant mon amour dans la tombe et mon sac !

(Il fait une fausse sortie. — Boulotte l'arrête.)

BOULOTTE, *à part*

Grands dieux ! il a le sac et moi qui suis panée !

(Chantant, haut)

Arrête malheureux, victime infortunée !

N° 2. — CHANT

BOULOT, *revenant, radieux*

(Avec attendrissement)

Qu'entends-je, qu'ai-je vu, suis-je bien éveillé,
Ou mon pauvre coco serait-il plus fêlé...
Auriez-vous donc pitié de l'enfant de sa mère,
Qui ne pourrait hélas ! vous parler de son père...
Vrai, vous me pardonnez ?

BOULOTTE

Oui mon ange sucré,

(Ensemble)

Avec toi, dès ce soir, je m'en vais, c'est sacré,
Voir s'il est dans le four resté quelques brioches
Et je veux pour te plaire en fourrer dans mes poches.

BOULOT, *embrassant Boulotte*

Tu m'aimes, dis ?

BOULOTTE

Sans fard, je t'aime, ô mon Boulot !
Je t'aime sans culotte, en ton simple maillot.

BOULOT

O Boulotte adorée ! en chemise, sans robe,
Tu plairais mieux encore au mitron qui te gobe !
Et maintenant partons, viens, viens, mon cher trognon,
Je t'emmène manger une soupe à l'oignon ;
Puis, après ce repas, nous nous marierons vite,
Car je sens un désir qui, dans mon cœur, s'agite !

BOULOTTE

Quoi, déjà, sur le champ, y songez-vous trésor,
Le désir a bientôt pris chez vous son essor !...
Non, demain attends-moi, dès l'aube, au point du jour
J'irai te demander un petit peu d'amour...
Allons, mon cher Boulot, une dernière étreinte
Et va moucher ton nez dans le pétrin sans crainte

BOULOT, *la serrant dans ses bras*

De te laisser partir je ne suis pas si sot,
Je veux qu'aujourd'hui tu sois madame Boulot
Voyons, viens avec moi, tendre et douce poulette,
Le bonheur nous attend ce soir en ma chambrette !

BOULOTTE

Tu me tentes, Satan, je sens que ma raison
S'égare en écoutant ta sublime oraison ;
Mais que ferons-nous, que dirons-nous en ta chambre ?

BOULOT

Ne crains rien, on ne fait chez moi pas antichambre.

N° 3. — DUO FINAL

BOULOT

Nous nous bécoterons.

BOULOTTE

A l'ombre du mystère.

BOULOT

Nous nous dorloterons,
Dans le dodo, ma chère !

BOULOTTE

Puis, nous babillerons.

BOULOT

Et nous embarquerons
Pour l'Ile de Cythère !

ENSEMBLE

Partons au pays du bonheur,
Dieu Cupidon nous y convie ;
Aimer, ici-bas, c'est la vie
    Et la folie.
C'est l'amour qui donne l'ardeur,
    Et la vigueur.
Partons au pays du bonheur !

FIN

OUVERTURE

PAR ALBERT GEAY

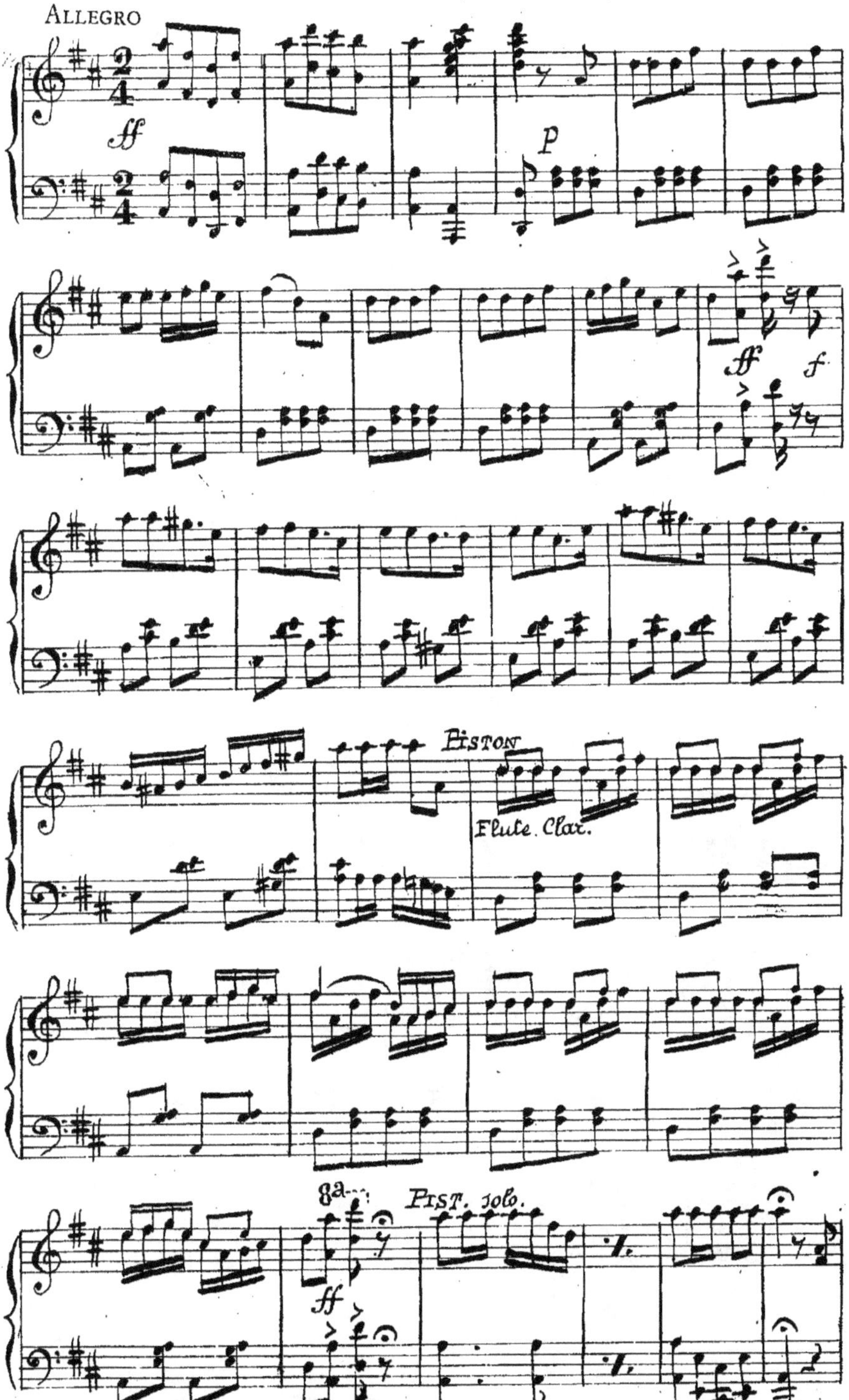

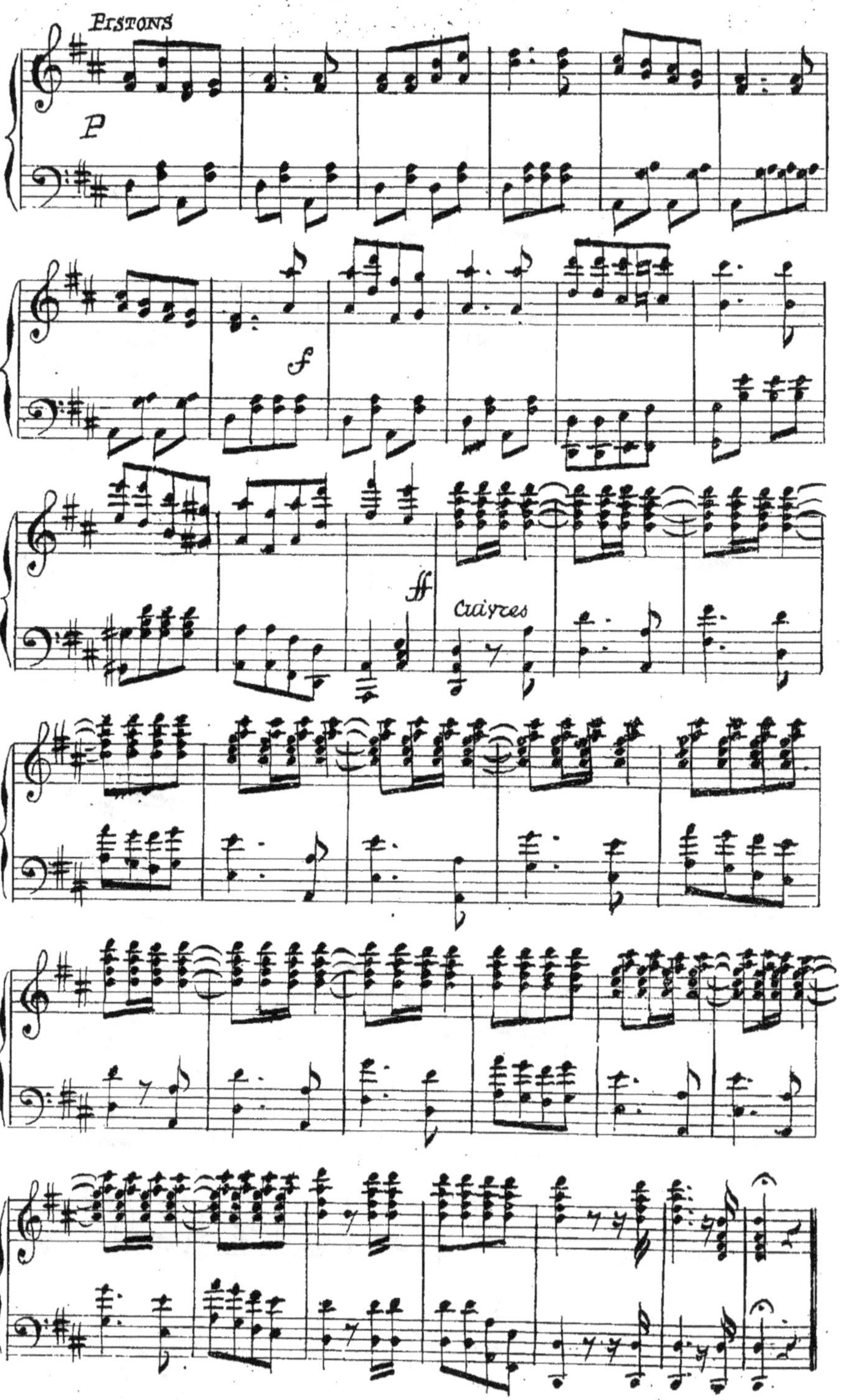
PISTONS
P
f
ff
Cuivres

No I. — Rep. *Je ne puis la dire, je la chante.*

ALLEGRETTO

Boulot

ALLEGRETTO

No tre grand'père A-

-dam, n'avait dit-t'on qu'u ne feuill'pour pa_ru re.; et

l'on af fir me qu'il é tait d'as sez a gré a ble toui

-ru - - re... la ma man È ve, n'a vait pas, comme

au jour d'hui, chè re Bou lotte, chi gnon, sra pon tin,

faux ap pas, et ne por tait pas de cu lo tte !... qu'un

Boulotte

— por te, vo tre beau dis cours, ne peut mo di fi er mon

â me; d'un hom me na yant pas d'a tours, je ne se rai ja mais la fem me...moi je veux un ma ri co quet C'est ma to quade et ma ma ro tte, et non un af freux pal to quet qui ne por te pas de cu lo tte

No 2. — Rep. *Grands dieux ! il a le sac et moi qui suis panée !..*

A rê te! mal heu reux, vic time in for tu né e!. qu'en

ALLEGRETTO

tends-je, qu'ais je vu, suis je bien e vei llé, ou

mon pau vre co co se rait-il plus fê lé.... au riez vous donc pi

tié de l'enfant de sa mè re, qui ne pou rait Hé las!. vous

à tempo

Boulotte

par les de son pè — re...vrai, vous me par don nez ? Oui mon An_

Ensemble ELLE

LUI

de su cré, a vec toi, dès ce soir, je m'en vais c'est sa

mf

cré, voir, s'il est dans le four res té quel ques bri_o_ches, et

je veux pour te plai_re en° four rer dans mes po_ _ches, et

je veux pour te plaire en four rer dans mes po ches. 8a—

plus vite

N° 3. — Rep. *On ne fait chez moi pas antichambre.*

FINAL

ALLEGRO

Boulot

Nous nous be co te

Boulotte

Boulot

rons, à l'om bre du mys tè _ re, nous nous dor lo te.

Boulotte

_ rons , dans le do do ma chè re ! puis nous ba bi lle

Boulot

rons et nous en bar que rons et nous en bar que

rall

rons pour l't le de Cy _ thè _ _ _ re ga _ _ _ _ _ _ _

Ensemble

Par tons au pa ys

du bon heur dieu Cu pi don ; nous

y con-vi-e ; ai mer, i ci bas, C'est la vie et

la fo lie . C'est l'a mour qu don ne l'ar

deur, l'ar deur et la vi gueur Por

Elle
tons, Par tons, au pa ys du bon...

Lui
Par tons, Par tons, au pa ys du bon...

...heur!.. Par tons, Par tons, au pa

...heur!.. Par tons, Par-tons, au pa

ys du bon heur!..

ys du bon heur!

VIVACE

www.ingramcontent.com/pod-product-compliance
Lightning Source LLC
Chambersburg PA
CBHW061805040426
42447CB00011B/2478